Ich habe im ganzen Gedichtband keine Namen angeführt, weil die
Personen, um die es geht, genau wissen, wo sie sich angesprochen fühlen
sollen.

Das Buch hat ein Ziel: Allen Leserinnen und Lesern zu zeigen, dass man der
größten Liebe seines Lebens auch dann noch die herzlichsten Wünsche
geben kann und soll, wenn man sie nicht mehr hat.

Widmung

Diesen Gedichtband widme ich, ……, der größten Liebe
meines ganzen Lebens. Die meisten dieser Wünsche und
Gedichte kennst du selbst auch noch nicht, weil sie in deinem
persönlichen Buch leider keinen Platz gehabt haben. Ich
wünsche dir wirklich von Herzen, dass alles, was auch in
diesem Gedichtband steht (natürlich nur die positiven Dinge),
genau so in Erfüllung geht. Jedes Wort meine ich genau so,
wie ich es geschrieben habe. Es ist der fünfte Teil zu deinen
Wünschen, es werden mit Sicherheit noch einige folgen

Ich werde dich mein ganzes Leben lang vermissen!
Ich werde dich mein ganzes Leben lang lieben!

In ewiger Liebe und Verbundenheit

Ingo

Herstellung und Verlag
BoD-Books on Demand, Norderstedt
ISBN: 978-3-7322-4303-7

Inhaltsverzeichnis

Achtsamkeit

Ich wünsche die Achtsamkeit für dich und andere in deinem Leben. Achte darauf, wie du denkst, wie du sprichst, wie du handelst.

„Dem Geist wohnt die Fähigkeit inne,
sich selbst zu beobachten",
sagt Matthieu Ricard, das ist nicht zu verachten.
Weiters meint er: „Man kann seine Gedanken beobachten,
starke Emotionen eingeschlossen, wenn man mit den Aspekt
der reinen Achtsamkeit arbeitet,
die nicht mit den Gedankeninhalten verknüpft ist",
ist es das, wie du wirklich bist?

Ich kann dir nur die nachfolgende – meine
– Antwort darauf geben,
wie es wirklich für dich ist, musst du selbst
entscheiden für dein Leben.
Ich denke nicht, dass du wirklich immer achtsam bist,
aber wer ist das schon,
ich kenne niemanden, auch da nicht, wo ich jetzt wohn´.

Es fällt und ja allen schwer, uns zu beobachten
auf uns selbst zu schauen,
denn würden wir uns das trauen.
Dann würden wir bemerken, wie fehlerhaft und mit wie vielen
Schwächen wir alle „ausgestattet" sind,
mehr als wir alle hatten noch als Kind.

Deshalb schaffen wir es auch viel leichter,
andere zu bewerten, zu beurteilen,
sie als „schlechtes" Beispiel heranzuziehen,
denn dann müssen wir uns nicht in
der Analyse auf uns selbst beziehen.
Weil wir (eine unendliche) Angst davor haben,
dass wir es nicht schaffen, uns, so wie wir sind, anzunehmen,
weil wir erkennen, dass wir uns alle sehr oft falsch und unfair
anderen Menschen gegenüber benehmen.

Viele berühmte Menschen haben sich
mit diesem Thema schon beschäftigt,
alle hier anzuführen, wäre nur allzu berechtigt.
Ich muss mich aber leider auf einige
wenige in meinem Gedicht beschränken,
es soll ja vor allem dazu dienen, dass die Menschen, die es
lesen, auch (einmal) anfangen sich selbst
und ihre Handlungen zu überdenken.

„Das Denken ist die Basis von allem. Es ist wichtig, dass wir
jeden unserer Gedanken mit dem
Auge der Achtsamkeit erfassen“,
diesen Ausspruch von Thich Nhat Hanh nehmen die meisten
Menschen meiner Ansicht nach eher sehr gelassen.
Viele Gedanken jedes Menschen sind nämlich keinesfalls gut,
viel schlimmer wiegt allerdings für mich noch,
was jeder damit tut.

Ich kann für mich behaupten, dass ich mich in der letzten Zeit,
sehr auf mich selbst – ganz allein – zurückgezogen habe,
mich wirklich intensiv selbst beobachtet hab´,
dabei habe ich auch nachgedacht, was so jeder Mensch, den
ich kenne, mir in meinem Leben jemals gab´.
Was nach dem Studium meines Selbst so übrig bleibt,
ist lediglich die Erkenntnis,
dass ich nicht wirklich behaupten kann,
dass mich viele Menschen so sehen, so wie ich wirklich bin,
genau als diesen Mann.

Es wird wohl auch daran liegen,
dass sie sich müssten zu sehr „verbiegen“.
Viele von ihnen habe ich schon sehr
tief verletzt und schwer enttäuscht,
habe sie belogen und ihnen so einiges vorgetäuscht.

*Dennoch bin ich mir sicher, dass ich deren Ignoranz, wessen
auch immer, nicht verdient habe in meinem Leben,
weil niemand von ihnen kann mir die letzten Wochen und
Monate jemals wieder in meinem Leben zurückgeben.
Ich habe ihnen keinesfalls die Zeit des ihren genommen,
sie leben alle ihr Leben, ich bin wie benommen.*

*Ich habe, wie geschrieben,
sicherlich sehr vieles falsch betrieben.
Dazu muss und werde ich immer stehen,
vor allen, die mit mir in meinem Leben noch den einen oder
anderen Weg gemeinsam gehen.*

*Auch ich wurde maßlos von vielen Menschen, die ich schätze
und (über alles) liebe – ihr alle wisst, das ihr damit gemeint
seid – enttäuscht und verletzt,
ich weiß nicht, ob ihr das alle schon für euch erkannt habt,
ob es sich hat bei euch gesetzt.
Es ist keine Lösung auf „Verletzungen"
und Enttäuschungen mit denselben zu reagieren,
nicht nur ich muss mich für meine Fehler genieren.*

Lest euch alle bitte intensiv an mich denkend diesen
Aphorismus von Thich Nhat Hanh zur Achtsamkeit durch,
den ich hier gleich notiere,
wenn ich wen liebe, ist es mein Fehler, meine Schwäche,
dass ich mich im Gedanken an diesen Menschen, in meiner
Liebe zu ihm, selbst dabei ganz leicht und schnell verliere.
„Wenn unsere Achtsamkeit diejenigen einschließt, die wir
lieben, blühen sie wie Blumen auf“,
in meinem Leben mit der Liebe
kommt es bei an genau darauf.

Alle, die sich von diesen Zeilen
angesprochen fühlen, bitte ich einen Moment gemeinsam mit
mir da hier zu verweilen.
Ich kann euch versprechen, ich werde mich beeilen,
ich will mich nur kurz erklären, mein Innerstes nach Außen
kehren, ich will keinesfalls um euer aller Liebe „keilen“.

Ich werde euch die meine immer geben,
so bin ich eben, so werde ich bleiben für mein ganzes Leben.
Wer das nicht versteht,
tut Recht daran, dass er einen Weg ohne mich geht.

*Ich kann diesen Menschen dann ja nicht von meiner Echtheit
und Wahrhaftigkeit als Mensch überzeugen,
ich muss mich damit abfinden,
mich dieser Enttäuschung für mich beugen.
Ich habe diesen Menschen dann vermutlich
zu sehr mit Unachtsamkeit bestraft,
auch wenn ich selbst das nicht so sehe, ihm fehlt für mich als
Mensch, mich anzunehmen einfach die Kraft.*

*Ich werde mich ändern müssen, es liegt vermutlich nur an mir,
an meinem Benehmen,
dennoch halte ich mich an Paolo Coelho: „Lass nie zu, dass
Zweifel dein Handeln lähmen".
Denn wenn ich mich darauf einlasse, dann werde ich nie mehr
eine Entscheidung treffen – ob falsch, ob richtig,
das wäre aber auf keinen Fall für mein Leben gut,
denn Entscheidungen zu treffen ist einfach wichtig.*

*Noch einmal bediene ich mich hier
eines Zitats von Thich Nhat Hanh, ich gebe es dir.
„Wenn die Achtsamkeit etwas Schönes berührt, offenbart sie
dessen Schönheit. Wenn sie etwas Schmerzvolles berührt,
wandelt sie es um und heilt es"
– dieser Spruch gibt mit so viel,
für mich war genau das in unserer
Beziehung immer mein Ziel.*

Wenn mir das misslungen ist,
dann liegt es nicht daran, wie du bist.
Eher schon daran, dass ich wahrscheinlich zu wenig achtsam
war, obwohl ich denke, dass ich sehr achtsam war,
in jedem Fall gilt, dass die Zeilen
des obigen Verses „wahrer" sind als wahr.

Du weißt genau, wie ich das meine,
es wird mir nie passieren, dass ich irgendwann in meinem
Leben meine Liebe für dich verneine.
Wie sollte mir das auch jemals gelingen?
Ich liebe dich über alles, deshalb kann jeder Versuch der
Verneinung nur scheitern, nur misslingen.

Schließen möchte ich dieses Gedicht mit
folgenden Zeilen von Arthur Schopenhauer,
einem großen Philosophen,
einem so genannten „Gedankenbauer".
„Wir verleben unsere schönen Tage, ohne sie zu bemerken:
erst wenn die schlimmen kommen, wünschen wir jene zurück",
ich hoffe, dass dir das nicht so oft passiert, übe dich in
Achtsamkeit, ich wünsche dir dazu viel Glück.

Bescheidenheit

**Ich wünsche dir, dass du immer bescheiden bist, denn du
kannst mit allem, was du hast zufrieden sein.
Bescheidenheit im Leben ist meiner Meinung nach sehr
wichtig, denn dann ist man mit dem Erreichten auch
zufrieden.**

*Ich weiß, dass du bist bescheiden,
du brauchst auch niemanden, für das,
was er hat, zu beneiden.
Du hast selbst so viel,
Bescheidenheit ist im Leben immer ein sehr wertvolles Ziel.*

*Edgar Watson Howe, ein amerikanischer Journalist,
beschreibt für mich genau, wie ich dich sehe,
wer du für mich bist.
„Der Bescheidene wird gewöhnlich bewundert“,
über deine Bescheidenheit habe
ich mich immer sehr gewundert.*

*Du hast und kannst so viel, machst dich
dennoch immer kleiner als du bist,
denk´ öfter in deinem Leben an diesen Journalist.
Nimm´ etwas von deiner Bescheidenheit zurück,
gib´ dir als …… mehr Raum, dann wirst du finden und es
bekommen das ganze Glück.*

*Vermutlich kennst du die Aussage von Jean Cocteau,
ich weiß zwar nicht woher, von wo?
„Halte dich immer für dümmer als die anderen –
sei es aber nicht",
so lebst du, zumindest hast du es mir so von dir gezeigt, du
bist wirklich schlau, geh´ weniger
hart mit dir selbst ins Gericht.*

*Du weißt, worauf ich das hier bei dir beziehe,
geh´ nicht wegen Leistungen, derer
du unglücklich bist, in die Knie.
Knicke deswegen nicht ein,
lasse sie zu, lass´ sie sein.*

*Sie sind nun schon mal geschehen,
sie werden im Leben irgendwann vergehen.
Niemand wird dich dann auf diese mehr ansprechen,
du brauchst dich dafür nicht selbst bestrafen,
nicht selbst rächen.*

*Wahrscheinlich hast du es schon gelernt als Kind,
was Aldo Cammarota so formuliert: „Bescheidenheit beruht
auf der Hoffnung, dass andere Leute selbst merken werden,
wie großartig wir in Wirklichkeit sind".
Ich habe es erkannt in dir,
ich bin von dir fasziniert, bitte glaube mir.*

*Aldo Cammarota hat völlig Recht, wahre
Großartigkeit wird immer erkannt,
sie hat sich auch immer schon ihren eigenen Weg gebannt.
Bei dir ist es genau gleich,
gerade deine Bescheidenheit – die du natürlich nicht immer
hast – macht dich unendlich reich.*

Behalte dir bitte diese bei,
sie ist im Leben nicht einerlei.
Wenn sie dir einmal abhanden kommt,
dann kann ich dir sagen, woher man
sie in der Regel wieder bekommt.

Sie ist in einem selbst „geboren",
du findest sie dort, wenn du sie hast verloren.
Such´ nach ihr, hol´ sie dir zurück,
ich wünsche dir dabei viel Glück.

Eloquenz

*Ich wünsche dir Eloquenz! Eloquentes Auftreten kann
einem im Leben unheimlich viele Türen öffnen. Dadurch
kann man erfolgreich sein, je nachdem, was man selbst
unter Erfolg versteht.*

Unter Eloquenz versteht man die Fähigkeit,
sich einer bestimmten Sprache zu bedienen,
eine besondere Fertigkeit.
Hohe Eloquenz beruht nicht unbedingt
auf einer hohen Bildung, sie liegt in der gesamten
Persönlichkeit eines Menschen begründet,
sie hängt also von der gesamten Entwicklung des Seins ab,
sie wird genau dadurch entwickelt, gegründet.

Mann muss natürlich immer daran arbeiten,
sich entwickeln in alles Lebenszeiten.
Eloquenz wird einem nicht geschenkt,
es reicht auch bei weitem nicht aus,
wenn man nur an sie denkt.

Man muss sich als gesamte Persönlichkeit entwickeln,
sich auch verändern beim Probleme abwickeln.
Auch das kann dir Präsenz von hoher Eloquenz verändern,
wenn wir Verhaltensweisen an uns selbst ändern.

Vor allem dann, wenn man mit Worten
versucht Probleme zu lösen
denn dadurch lassen sich unheimlich
viele Entwicklungen auslösen.
Für mich hat es eine große Bedeutung, ist es wichtig,
Eloquenz sollte für keinen Menschen sein nichtig.

Denn sich ausdrücken zu können,
sich verständlich zu machen,
bedeutet auch die Klärung vieler offener Sachen.
Wenn man das mit Eloquenz tun kann,
werden es andere verstehen, irgendwann.

Die, die das nicht können oder wollen,
bei denen liegt es nur am Tun und Sollen.
Die werden wohl auch das Zitat von
Baltasar Garcian y Morales nicht verstehn,
„Im Reden und Tun etwas Imponierendes haben. Dadurch
setzt man sich allerorten bald in Ansehn".

*Wo wir uns auch immer in unserem Leben befinden,
es gilt, was Kurt Masur zur Eloquenz zu sagen hat: „Wer
etwas bewirken will, muss große Worte finden.
Ich stelle mich ja auch hier hin,
um allen zu sagen, wie und wer ich wirklich bin.*

*Bediene mich großer Persönlichkeiten Worte,
weil ich diese nicht auf Lager habe,
ich bin nicht von dieser Sorte.
Ich gebe aber mein Bestes, dass mich die Menschen,
die ich liebe, verstehen,
denn ich will ihnen mitteilen: „Ich will wieder mich euch einen
gemeinsamen Weg gehen!"*

Glaubwürdigkeit

Ich wünsche dir, dass du immer glaubwürdig bleibst.
Egal, was dir im Leben zustößt, bleib´ dir selbst und
denen treu, die du liebst und die dich lieben. Ich werde
dich weiterhin lieben, auch wenn du mich nicht mehr an
deiner Seite haben möchtest.

Mit meiner Glaubwürdigkeit ist es nicht mehr weit her,
zumindest bei dir und euch nicht mehr.
Ich habe meinen Anteil daran,
ich nehmen aber nicht den ganzen
Anspruch dafür für mich an.

Es gibt sehr viele andere,
die an meiner Glaubwürdigkeit kratzen,
für mich sind diese Menschen nicht mehr als böse „Fratzen".
Sie behandeln mich, als wäre ich ein frecher Mensch,
ein ganz ein frecher,
spielen sich sogar auf als deine „Rächer".

Ich halte mich an Elias Canetti: „Glaube keinem,
der immer die Wahrheit spricht",
ich glaube dieses Zitat rückt mich und alle ins rechte Licht.
Die großen Wahrheitsapostel gibt es kaum,
ich habe der Wahrheit über mich in deinem persönlichen Buch
dafür sehr viel Platz gegeben, sehr viel Raum.

Ich glaube nicht, dass das irgendjemand anderer tut für dich,
sei es, wie es sei, du weißt, wer du bist für mich.
Auch wenn alle meine Zeilen nichts bewirken werden,
wie viele ich auch noch schreibe, solange ich bin auf Erden.

Du wirst es dennoch erkennen,
dass sich die anderen nur Wahrheitsapostel nennen.
Sie es aber gerade deshalb nicht sind,
ich weiß es, du weißt es, wir sind beide ja nicht blind.

Ich will keinen in die Pfanne hauen,
ihn in dieser dann auftauen.
Aber eines sag´ ich ganz bestimmt,
dass so vieles, was die Quatscher über mich erzählen,
einfach nicht stimmt.

Daniel Dagen hat für die Glaubwürdigtkeit,
eine schöne und einfache Erklärung gefunden, die, wie ich
finde, für immer stimmt, für die Ewigkeit.
„Glaubwürdigkeit ist doch eine einfache Sache: Man sagt, was
man tut und man tut, was man sagt",
ich habe leider oftmals anders gehandelt,
ich habe das leider gewagt.

Es stimmt schon manches, was man über mich berichtet,
ich darf dir leider keine Auskunft geben, du willst sie nicht, es
wäre aber sinnvoll, finde ich, damit sich bei dir alles lichtet.
Du weißt ja durch mein Buch, wie ich wirklich bin,
nimm´ dir die Zeit und setz´ dich mit diesem hin.

In diesem steht die ganze Wahrheit über mich,
ich habe es nur für dich gemacht, nur für dich.
Ich wäre sehr interessiert daran,
es mit dir gemeinsam zu lesen, von Anfang an.

Weil ich gerne sehen würde, wie sich viele Dinge für dich
klären würden, wie plötzlich andere dumm dastehen,
weil ich fast alles widerlegen kann,
was andere sagen, (fast) jeder Mensch,
(fast) jede Frau, (fast) jeder Mann.
Das soll nichts an deiner Entscheidung ändern,
nein das will ich nicht, es soll
nur deine Meinung über mich verändern.

Meine Glaubwürdigkeit soll ein wenig
dadurch ins rechte Licht rücken,
ich will dich zum Lesen keinesfalls überreden,
dich nicht damit „beglücken".
Ich kann dich darum ja auch nur bitten,
wenn du es nicht schon gemacht hast,
nimm´ dir, wenn du es tust, Zeit, geh´ in dich, such´ dir Rast.

In jedem Fall will ich erreichen,
dass aus deinem Kopf jene Gedanken entweichen.
Die dich daran zweifeln lassen, dass ich dich über alles lieb´,
Dies wird dir wohl klar sein dann, wen du liest,
was ich dir so alles schrieb.

Glaubwürdigkeit hin oder her,
jedem fällt die nackte Wahrheit schwer.
Niemand kann mir klar machen,
dass er immer ehrlich ist, bei allen Sachen.

Ich glaube es ihm nicht,
das sage ich auch jedem ins Gesicht.
Ich schließe wieder mein Gedicht
mit den Zeilen von Elias Canetti: „Glaube keinem,
der immer die Wahrheit spricht".

Konsequenz

*Ich wünsche dir, dass du niemals mit solchen
Konsequenzen konfrontiert wirst, wie ich in meinem
Leben, weil diese das Leben mir gerade nicht unbedingt
als lebenswert erscheinen lassen. Ich wünsche dir auch,
dass du immer mit der gleichen Konsequenz deine
Vorhaben umsetzt, wie du diese mir gegenüber vollziehst,
indem du mich rigoros – wie das auch alle Menschen aus
deinem Umfeld gerade mit mir machen – aus deinem
Leben ausschließt. Es wird seine Gründe haben, warum
ich nicht mehr – in welcher Form auch immer – an deinem
Leben teilhaben darf. Konsequent wäre es aber nur dann,
wenn auch die andere Person – in diesem Fall ich –
darüber Bescheid wissen würde, warum es jetzt so
zwischen uns ist, wie es eben gerade ist. Ich werde aber
auch ohne eine Information diesbezüglich mein Leben
weiterleben. Ich wünsche dir von ganzem Herzen, dass du
das in deinem ganzem Leben nie erleben wirst müssen.*

*Ich werde mich nicht mehr damit befassen,
nicht mehr danach fragen,
ich werde einfach, wie William Shakespeare es gesagt hat:
„die Konsequenzen für mein Handeln tragen".
Ich wäre dann aber erst richtig glücklich,
und das steht mir auch zu,
wenn andere, die eine entscheidende Rolle in dieser
„Geschichte" spielen, das auch tun würden,
nämlich alle, also auch du.*

Was mich nämlich dabei enttäuscht,
ist, dass ihr nicht zu euren „falschen" Handlungen steht,
nämlich keiner von euch, dass ihr nicht nur mir etwas
„vorspielt", sondern noch dazu euch selber täuscht.
Jeder hat es sich verdient, dass er sich erklärt,
ihr habt mir nicht einmal diese Möglichkeit dazu gewährt.

Ihr seid euch hoffentlich der Tatsache bewusst,
dass ich mir das so niemals erwartet habe,
das habe ich nicht gewusst.
Ich habe euch diesbezüglich ganz anders eingeschätzt,
ich habe mir gedacht, jeder kann mit euch reden,
ich hätte alles darauf gewettet, darauf gesetzt.

Ihr habt euch mir gegenüber ja auch immer so erklärt,
ihr habt mich diesbezüglich getäuscht, ihr habt euch verklärt.
Jetzt werft ihr mir vor, ich hätte euch getäuscht,
ihr seid von mir über alle Maßen enttäuscht.

Steht euch dieses Argument überhaupt zu, frage ich mich,
jeder von euch könnte und sollte sich selbst
diese Frage stellen, genau sich.
Ihr wisst ja gar nicht, was stimmt, was nicht,
ihr kennt sie nicht die Essenz,
ich bin der Einzige, der weiß, was stimmt und was nicht, das
einzige was ihr habt und kennt ist eure Konsequenz.

Ich verspüre zwar gerade euren Hass und eure Rache,
ich weiß nicht wofür genau, das ist
mein Problem mit dieser Sache.
Mehr kann ich dazu nicht sagen: „Ihr kennt sie nicht der
unwahren und erfundenen Geschichten Essenz",
ihr habt nur euren Glauben, eure Meinung, euer Denken und
natürlich eure daraus folgende Konsequenz.

Ich werde euch das niemals vorhalten, weil ich euch mag,
es hat sich nichts daran geändert, an keinem Tag.
Ich werde euch niemals darauf ansprechen,
schon gar nicht werde ich mich
dafür irgendwie an euch „rächen".

Das ist sowieso nicht meine Art,
egal, was andere denken, ich lebe niemals so eine Unart.
Ihr seid es, die mir wichtig sind,
ihr werdet mir auch immer wichtig bleiben,
ich würde doch sonst niemals so viel über uns alle schreiben.

Ich liebe euch über die Maßen,
damit ist bei mir wirklich nicht zu Spaßen.
Das ist meine Konsequenz,
denn ich kenne ja der Geschichten und Gerüchte Essenz.

Nachsichtigkeit

**Ich wünsche dir, dass alle Menschen in deinem Leben mit
dir nachsichtig sind, wenn du Fehler machst, sie
enttäuscht und verletzt. Denn es passieren immer wieder
Fehler, du wirst Menschen ebenso verletzen, wie du sie
auch enttäuschen wirst.**

Konfuzius hat einmal gesagt:
„Ist man im Kleinen nicht nachsichtig, so stört man große
Pläne", ich habe mich immer schon gefragt,
was der damit mit meint,
denn es ist einfach Nichts so, wie es scheint.

Ich weiß schon, dass meine Fehler schwerer wiegen,
dass sie euch gehörig im Magen liegen.
Aber eines sage ich schon dazu: „Fast alles ist erlogen",
nicht (nur) ich, vor allem andere haben euch mit diesen
Unwahrheiten über mich betrogen.

Ich weiß nicht, wann ihr nachsichtig seid, und wann nicht,
ich weiß nur, ihr sagt mir nichts, gar nichts mehr ins Gesicht.
Ich darf nichts klarstellen, nichts berichtigen,
wessen mich andere bezichtigen.

Ich habe es dennoch getan, es zu berichtigen,
denn ich lasse mich sicher nicht des Unwahren bezichtigen.
Ich habe es auf die einzige mir mögliche Weise getan,
ich habe Gedichte, Lieder und Briefe an euch geschrieben, mit
der vollen Wahrheit über mich, ja das habe ich getan.

Ich habe niemanden anderen der Unwahrheit bezichtigt,
als die, die sich diese erlaubt mir gegenüber erlaubt, ich habe
für mich bei euch alles berichtigt.
Das steht mir zu,
ich weiß das, ihr wisst das, das weißt auch du.

Es geht nicht darum, euch zurückzugewinnen,
auch wenn ich nichts lieber hätte in meinem Leben zurück als
euch, ich weiß, damit wird es mir nicht gelingen,
euch für mich zu gewinnen.
Ihr habt euch euer Urteil über mich gebildet,
ich habe da keine Möglichkeit, dass ihr das für euch umbildet.

Das soll auch nicht so sein,
ich wasche mich mit meinen Liedern,
Gedichten und Briefen bei euch rein.
Mehr soll es auch nicht sein,
ich will euch damit nur zeigen, meine Liebe
für euch ist groß, nicht klein.

Wie ihr dazu steht,
wie ihr damit umgeht,
das weiß ich alles nicht,
das spielt auch alles keine Rolle für dieses Gedicht.

Es geht für mich vielmehr darum,
dass ich euch um Nachsichtigkeit bitte,
es gehört zum Anstand und zur Sitte.
Dass jeder eine zweite Chance verdient im Leben,
ich habe – so denke ich – diese
immer jedem Menschen gegeben.

Nachsichtigkeit ist eine Tugend,
die sollte man haben, ob im Alter oder auch in der Jugend.
Jeder will sie ja auch für sich in Anspruch nehmen,
jedem misslingt etwas bei seinem Benehmen.

Ich bin nachsichtig und wie ihr wisst
überhaupt nicht nachtragend,
ich bin als Mensch sehr fehlerhaft, nicht gerade überragend.
Aber eines bin ich ganz bestimmt,
ich bin ein Mensch mit Herz, mit Gefühlen, mit alldem, das
einen Menschen liebenswert macht, und das stimmt.

*Ich habe euch immer alles das gegeben,
mein Herz, meine Liebe, meine Freude für euch, ich gebe all
das immer euch in meinem Leben.
Das kann ich auf jeden Fall für mich verbuchen,
da muss ich nicht lange nach der Wahrheit suchen.*

*Ich werde euch immer alles von mir geben,
mein Herz, meine Liebe, meine Freude
für euch in meinem ganzen restlichen Leben.
Liebe ......, ich wünsche dir viel Glück dabei,
dass du Nachsichtigkeit erfährst und diese auch gibst,
das ist nämlich zweierlei.*

Sehnsucht

Ich wünsche dir Sehnsucht! Auch wenn dieser Wunsch einen negativen Beigeschmack hat, ist er dennoch ganz positiv zu verstehen, denn Sehnsucht bedeutet auch, dass einem etwas oder jemand fehlt, was man sehr gerne hat oder den man liebt. Ich habe für mich beispielsweise eine sehr große Sehnsucht nach dir!

*„Welcher Schmerz in diesem Leben voll Trübsal ist größer, als
die Sehnsucht, die nicht erfüllt wird und die nicht ruht?",
dieser Spruch, der aus Indien kommt, tut mir,
wenn ich in lese nicht besonders gut.
Weißt du warum? Ich sage es dir,
weil ich verletzt bin und enttäuscht,
dass du nicht mehr bist bei mir.*

*Ich bin voller Sehnsucht nach dir,
weil ich weiß, dass du nach wie vor ganz tief bist in mir.
Ich weiß auch, dass ich so stark für dich empfinde,
dass ich mir sehr schwer dabei tue, dass ich aus dieser tiefen
Sehnsucht einen geeigneten Ausweg für mich finde.*

Ich möchte dich aber nicht damit bekümmern,
welche Schmerzen ich habe,
darum muss ich mich ja selber kümmern.
Ich kann das nur nicht immer untergraben,
manchmal muss ich mich mit Gedichten selbst laben.

Du weißt, wie ich das alles hier so versuche zu erklären,
du brauchst dich dagegen auch nicht zu wehren.
Weil mir kannst du niemals erzählen,
dass du nicht wirklich weißt, wie ich bin, dazu brauchst du
nicht einmal irgendeines meiner Gedichten auszuwählen.

Du kennst mich ganz genau, du weißt wer ich bin,
ich weiß schon, du willst jetzt gar nicht auf mich schauen hin.
Ich will dir das auch nicht nahe legen,
Für mich käme das jetzt auch besonders ungelegen.

Weil ich nicht will, dass du mich
noch einmal in meinem Leben verletzt,
mir noch einmal so einen Schock versetzt.
Ich liebe dich für immer, das ist wahr,
eine Freundschaft oder was
auch immer wäre für mich wunderbar.

Diese soll aber nur entstehen,
wenn du weißt, du willst wieder
irgendeinen Weg mit mir gehen.
Dazu müsstest du aber bereit dazu sein,
dass du mir alles von dir erzählst, dass ihr mit mir redet,
dass ihr mir einschenkt reinen Wein.

Ich denke, dass willst du jetzt auch gar nicht tun,
warum solltest du dir das auch antun?
Na ja, ich kann dir das nicht sagen,
die Antworten musst du dir schon
selber geben auf deine Fragen.

Ich kann für meinen Teil nur sagen,
ich würde mit dir und euch immer alles wagen,
weil ich euch liebe aus tiefstem Herzen, so wahr ich hier sitze,
wenn ich an dich denke, dann ist meine Liebe ganz oben,
sie ist auf der Spitze.

Ich liebe dich über alles, deshalb vergehe ich vor Sehnsucht,
ich habe meine Liebe im Leben an dich verbucht.
Sollte ich dich niemals wieder sehen,
diese Liebe wird dennoch niemals mehr vergehen.

*Ich begebe mich jetzt auf die Suche nach dem Sinn der
Sehnsucht in meinem Leben,
eine Antwort hat mir Robert Browning darauf gegeben.
„Unsere Sehnsüchte sind unsere Möglichkeiten",
so muss ich wohl mit meinem Schmerz
umgehen für alle Zeiten.*

*Ich sehe meine Möglichkeiten noch nicht wirklich, wo sind sie?
Ich will sie gar nicht haben, du weißt, wen ich will, ich will DIE
FRAU meines Lebens,
den Sinn meines Gebens.*

*Du weißt genau, von wem ich spreche, ja, von dir!
Du bist um mich, über mir, neben mir, du bist in mir!
Ich vermisse dich, seit dem Tag unserer Trennung so sehr,
es ist jetzt schon eine Zeit her, ich kann dir sagen,
ich vermisse dich jeden Tag noch mehr.*

*Aber mir ist schon klar,
es wird diese Möglichkeiten geben, es ist wahr.
Ich muss nur nach diesen suchen,
dann werden sie sich auftun, sich für mich verbuchen.*

So jetzt weißt du, ……, wie es aussieht in mir,
ich weiß es nicht von dir?
Ich weiß nicht, was du tust, was du machst,
ich hoffe aber, dass du jeden Tag sehr viel lachst.

Würde

*Ich wünsche dir Würde! Moralisch betrachtet ist die
Würde eines Menschen seine einzigartige
Seinsbestimmung. Ich wünsche dir, dass du immer dafür
geachtet wirst, wie du bist, denn dann bist du mit Würde
versehen.*

*Du kennst Umberto Eco, denke ich,
seine Meinung zur Würde eines Menschen
hat große Bedeutung für mich.
„Mit Würde auf der Welt zu sein heißt,
jeden Tag sein Horoskop zu ändern",
das heißt für mich, wenn man zwischen den Zeilen liest,
immer an sich zu arbeiten,
sich und sein Verhalten zu verändern.*

*Ich wünsche dir, dass du damit in deinem Leben klarkommst,
wenn du die Achtung anderer für dich einmal nicht bekommst.
Wenn das so ist,
dann denk´ daran, wer und was du für mich bist.*

Meine Achtung für dich und vor dir wirst
du immer haben in deinem ganzen Leben,
dies will ich dir mit diesem Wunsch
und diesem Gedicht für dich geben.
Wenn ich schon nicht mehr mehr für dich tun darf,
dann „schieße" ich eben mit meinen Gedichten ganz „scharf".

Für mich bedeutet Würde auch, zu Fehlern zu stehen,
und auch, mit fehlerhaften Menschen deren Weg zu gehen.
Du wirst das alles auch noch in deinem Leben sehen,
dann wirst du Wissen, was es bedeutet,
zu einem Menschen zu stehen.

Für mich in meinem Leben ist es klar,
ich werde für immer zu dir stehen, das ist wahr.
Egal, wer und was mich davon abhalten will,
nichts und niemand wird es schaffen, dass ich das nicht will.

Du bist für mich mit Würde voll,
ich liebe dich aus meinem Innersten ganz toll.
Ich werde dich immer achten in deinem ganzen Leben,
dieses Versprechen will ich dir
zum Abschluss dieses Gedichts hier geben.